기역은 가시 히읗은 황토

기역은 가시 히읗은 황토

김용만 시집

창비

차
례

010 가시

011 가을 길

012 감자 캤다

013 같은 산에 살면서

014 겨울, 산에 기대어

015 고드름

016 고백

017 그래도 사람이 좋다

018 그러니까 하느님 소릴 듣지

019 그믐달

020 기분 좋은 밤

021 꽃

022 꽃밭을 텃밭으로

023 꿈

024 끝

025 나무가 없으면 새도 안 온다

026 날은 흐리고 싸락눈이 내렸다

027 노을

028 농부는 등이 역사다

029	눈 내리는 밤
030	달맞이꽃
031	대낮에
032	대설
033	딱새 놀다 가는
034	똥이 힘이다
035	뜬물개떡
036	만추
037	먹감나무
039	먼 젖은 산이
040	못난 시인
041	묵정밭 1
042	묵정밭 2
044	묵정밭 3
045	민들레
046	반성
047	밤마다 내려오는 별은 어쩌고
048	배추
049	벌초

050　　보리밥을 먹다가

051　　봄날

052　　빠구 아재

054　　사람덜이 그러면 못쓴다

055　　사람들은 왜 그럴까

056　　사람 별것 아니네

057　　사람의 일

058　　사랑

059　　산

060　　산길 걸으며

061　　산길에서

062　　산의 언어는 침묵이다

063　　산중에 오는 비는 발 디딜 곳이 많습니다

064　　새

065　　새를 기다리는 중이다

066　　새벽길

067　　서점에 갔다

068　　선글라스

069　　세상이 시끄럽다

070	소똥
072	시월
073	시인
074	시인네 배추밭
075	십일월의 비
076	안부
077	어머니
078	어머니 없는 첫봄이다
079	여름밤
080	예의
081	오늘의 일기 1
082	오늘의 일기 2
083	오월
084	우중 일기
086	월사금
087	위봉사
088	일기
089	작은 나비
090	전국적으로

092	전지
093	졸라
094	지지대
095	직심
096	차마
097	채송화
098	콩 타작
099	토끼풀꽃
100	풋감
101	핑 다녀오세요, 했다
102	한수 양반
104	햇살, 좀 놀면 어때
105	호미
106	황소
107	황토
108	해설	고영직
121	시인의 말

가시

산초나무 가시 하나
외약손 손가락에 박혔다
일주일간 함께 지냈다
손톱 밑 가시라더니
돋보기 쓰고도 보이지 않는
이 작은 가시 하나
받아줄 수 없어
괴로워하다니
엄살떨다니
결국 곪아터지다니

가을 길

가을, 참 맑고 푸른 하늘입니다
크레인 타고 간판 작업 갑니다
맑음도 깊으니 절로 눈물 돕니다

하늘이 너무 깊어 허전했을까
구름 곱게 띄워놓고
하느님도 한가하게 시 쓰십니다

저 논둑 걸으시며 그림도 그리십니다

저도 마냥 좋습니다
새 목장갑을 끼었거든요

감자 캤다

묵정밭 감자 캤다
약도 안 하고 비료도 안 쓰고
퇴비만 넣었더니
감자가 고르지 않다
그래도 첨 농사치고는 솔찬하다
앞집과 옆집, 또랑 건너 최씨 아재
산 밑 할머니, 주말에나 왔다 가는 이층집 나눠주고
대전 해숙이, 형님네, 명희네
한봉지씩 보내고 나니
잔챙이만 남았다
괜찮다 잘 짓든 못 짓든
나누는 것도 농사다

나는 학교 다닐 때 언제나 앞줄에 섰다
그래도 기죽지 않고 잘 살았다
큰 놈은 원래 잔챙이가 키운다

같은 산에 살면서

 할아버지 덫에 새끼 멧돼지가 치였다 울타리를 뚫고 들어와 내 고구마밭을 망친 새끼인가보다 덫에 걸린 새끼를 무자비하게 두들겨 패는 할아버지가 무섭다 사람이 참 무섭다가도 저런 지독함이 없었다면 이 산중 어떻게 살아남을 수 있었을까 생각하니 조금 용서가 되었지만 그래도 내년에는 묵정밭을 포기할까 싶다 죄 없는 목숨들께 미안하다 수많은 풀벌레와 산짐승들 서리태 빼먹는 산비둘기 욕해야 하고 두더지 오소리 멧돼지 그 순한 산짐승들 미워해야 하고 땅을 움켜쥔 바라구는 또 어쩌고 내가 좀 덜 먹으면 되지 같은 산 아래 살면서 욕만 하고 살 수는 없지 않은가

겨울, 산에 기대어

마을에 한그루 남은 감나무에
새들이 몰려온다
양지바른 산에 기대어
돌 고르고 나니 흙이 남는다
흙 고르고 나니 돌이 남는다
뒤안 탱자나무 아래
그 돌로 돌담을 쌓고
그 흙을 옮겨 꽃밭을 만들었다
산에 기대어 사는 일은
가난해도 가난하지 않다
산이 없었다면
흙 속에 돌이 없었다면
나는 심심해 어찌 살았을까
산은 흘러내리지 않기 위해
흙 속에 돌을 묻는다

한때 새 세상을 여는 게
돌멩이 아니었던가

고드름

크레인 위 간판 전기선을 잇다
얼어버린 손 가랑이 사이에 넣고 비볐다
쇠토막같이 언 손으로
종일 난간 움켜쥐고 매달렸다
차마 놓을 수 없는
처마 밑 허공에서
삼십년 눈물 흘렸다

지상을 향한 찬 눈물
끝을 세우며

고백

또랑 건너
최씨 아재네
비닐하우스 집 짓고
콘크리트 쳤다
온종일 땅 고르고
터 닦아 레미콘 받았다
수고했다며 십오만원 주길래
한동네 살며 그럴 수 없다
손사래 친 후
대문 나서기도 전 후회했다

오만원이라도 받을 것을

그래도 사람이 좋다

위봉산성을 넘었다
오르던 길 되돌아오려다
싱거울 것 같아
반대쪽으로 넘었더니
생각보다 길이 험하고
산죽나무숲이 가슴을 넘는다
멧돼지라도 나타나면 어쩌나
속으로는 걱정됐지만
안 무서운 척 헛기침을 자주 하며 걸었다
잣송이가 떨어져 썩는다
산짐승들 훑고 지나간 자리 역력하다
길 따라 꽃은 곱고 가을은 깊다
큰길 내려서 사람을 만나니
그래도 사람이 좋다
실은 속으로 많이 쫄았다

반갑슈니다, 인사를 했다

그러니까 하느님 소릴 듣지

뒤란 감나무가 너무 높아 감을 딸 수가 없다
할 수 없이 나머지는 까치와 하느님께 드리기로 했다
다음 날 보니 까치가 하느님 것을 뺏어 먹고 있었다

그러니까 하느님 소릴 듣지

그믐달

할아버지
아버지는 죽어
이 땅 영영 잊은 줄 알았더니

시퍼렇게 날 선
조선낫 하나
새벽하늘 깊숙이 걸어둔 뜻

공사장 밤샘 작업에
배고파 돌아서다
졸린 눈 치뜨고 알았습니다

기분 좋은 밤

아내 퇴근이 늦는 밤이면
가끔 우리는 저녁을 시켜 먹는다
짜장면 하나
짬뽕 곱빼기 하나
전화해놓고
신이 난 동해는
베란다 창가에 붙어 있고
아빠 돈 있느냐고
도연이는 자꾸 묻는다

아들딸 앞에 두고
국수 가락 잘라주며
소주 두어잔 받아 마시는
기분 좋은 밤

아내가 가끔은 늦어도 좋겠다

꽃

움켜쥔 주먹을
폈을 때
꽃
핀다

꽃밭을 텃밭으로

산을 앞에 두고
철 따라 피어나는
담 밖이 다 꽃밭인데
나는 꽃을 자꾸 담 안에 가두려 한다
고개를 숙이려 한다
담 안에 꽃밭을 늘리는 일은
실은 나를 담 안에 가두는 것이다
저 산을 외면하는 것이다
저 숲에 가까워지기 위해
더 큰 꽃밭을 위해
나는 지금 꽃밭을 텃밭으로
내 안의 꽃들을 지우는 중이다

꿈

새해 작은 꿈 하나 있다
새벽에 일어나 마당에 나서는 일이다
바람은 어디서 오는지
별들은 언제 잠들고 언제 일어나는지
그 짙은 어둠은 어디로 다 사라졌는지
누가 훔쳐 갔는지
꽃씨들은 눈 속에 살아 있기나 한지
산그늘은 왜 마을을 들러 가는지
가난은 어째서 평화로운지
잠시 마당을 서성이는 일이다

오늘 밤은 별이 참 많네,
들어와 책상에 앉는 일이다

끝

뒤안 빈터
달배미 밭 하나 더 만들었다
마당 꽃밭에 흙 들일 겸

젖은 돌들이
호미 끝을 거부한다
끝은 늘 부딪친다
끝부터 닳는다
닳은 부분이 끝이 되어
다시 돌 끝에 닿는다
수도 없이 올라오는 돌멩이들
큰 돌 하나 빠지면
돌 크기만큼 밭이 된다
허리를 숙여야
호미 끝이 땅에 닿는 법
끝이 되기 위해 끝을 버리는 호미

세상은 늘 끝이 썼다

나무가 없으면 새도 안 온다

날이 맑다
후덥지근 덥겠다
외약손이 묶인 채
병원에 갇힌 지 나흘째다
푸른 나무 한그루 없는 창밖이 답답하다
나무가 없으니 새도 안 온다
사람들은 집들을 포개놓고
나무가 안 보여도
새가 안 와도 걱정 없이 아침을 맞는다
사지 멀쩡한 소소한 하루가 얼마나 소중한지
산중 적막한 고요와 가난이 얼마나 평화로운지
늘 드나들며 풀뿌리 후벼 파던 두 손이
이 아침 너무 허전하다
내가 없으니 화단 풀들은 좋아죽겠지
가물던 차에 비까지 내려주었으니

날은 흐리고 싸락눈이 내렸다

날은 흐리고 싸락눈이 내렸다
눈 내리고 흐린 날은 그리운 것들도 떠돈다
소죽솥에 불 메우고
아버지는 마당을 쓸었다
큰눈이 오려나 강 건너 앞산 밑이 자욱하다
황토 마당에 쓸린 싸락눈이 콩고물처럼 밀린다
쓸지 않아도 될 마당이지만
묵묵히 빗질하는 아버지는 엄숙했다
저녁 지을 쌀 까불다 챙이 끝을 쳐
싸라기 한줌 마당에 던져주고
자욱한 앞산 바라보는
어머니 손이 붉게 젖어 있다
아버지도 어머니도 눈이 오면 설레었다는 것을
아버지 나이 되어 알았다

아버지 성긴 머리 위 오래 머물던 싸락눈
닭장 문 걸고 토방에 발을 터는
아버지의 가지런한 하루

노을

산중은 노을이 없다

목숨을 구차하게 끌지 않는다

뚝,

서늘히 절명할 뿐

농부는 등이 역사다

뒤란 밭 풀 줍다
비 맞는다
농부는 등이 먼저 젖는다

등이 먼저 뜨겁고
등이 먼저 무겁고
등이 먼저 아프다

엎드린 농부는 등이 역사다
흘러내린 땀 가슴으로 안는다
흘린 땀 끌어안고 등이 굽는다

눈 내리는 밤

산 밑
개가 짖는다
산짐승이 내려왔나
눈은 내려 푹푹 쌓이고
쌓이는 눈발에 적막만 깊다
먼 개 짖는 소리 전설처럼 슬프다
한생 목줄에 매여
발목 묶인 너는
짖는 게 아니라 우는 게 분명하다
한결같이 꼬리를 흔들어야 하는
네가 슬프다
땡땡 언 그릇에 물 부어주는 일이
등허리 딱딱하게 잠자는 일이
암만 생각해도 내가 슬프다

달맞이꽃

아침 안개 자욱하다
수만리 보건진료소 옆
논둑에 이장님 또
풀약통 멨다

심통이 난
나는 아침 인사도 안 했다

왜 저러지?
달맞이꽃이 고갤 짜웃했다

그러든지
말든지

대낮에

앞산 어디 고라니가 울며 간다
바람 따라 멀어지는 울음소리가
목에 걸린다
나무 그늘 아래 엎드린 채
소양이가 으르렁거린다
이유 없는 울음이 어디 있을까
분명 새끼 찾아 나선 게다
살아보니 울음의 반은 자식이다
이 봄, 꽃과 꽃 사이
수백억마리 꿀벌 사라졌다 한들
한 노동자가 타 죽었다 한들
사람들 이제 왜냐고 묻질 않는다
반응 없는 시대
흐느끼며 돌아서 눈물 훔칠
시퍼런 시인 하나 그립다

대설

산중의 밤은 일찍 온다
산그늘 따라 금세
어둠이 빈 마을에 내린다
오늘 중부지방에 눈 내리고
내일은 호남지방까지 눈 내린다니
목욕을 하였다
산중 가난한 내 집
자욱이 내릴
흰 눈송이
그 설렘과 고요를 위해

딱새 놀다 가는

야트막한 야산이 하나 있음 좋겠다
약간 경사가 져도 좋겠다
듬성듬성 돌이 박힌 양지면 더욱 좋겠다
흙과 돌멩이 모으고 가려 쌓으며
몸 써 개간하고 싶다
따그락따그락 호미 끝을 세워
서늘히 땀에 젖고 싶다
가르마 같은 밭고랑을 타
딱새 놀다 가는
빈 밭이어도 좋을
돌이랑 흙이랑 한 세월 살고 싶다
산그늘 따라 들어와 신발 털고
긴 겨울밤
무심히 단잠에 빠지고 싶다

똥이 힘이다

오늘 두시 대장 내시경이다
특수 검사라 삼일 전부터 속을 비웠다
사람이 먹는 재미가 얼마나 큰 일인지
먹는 일 없으니 하루 할 일도 없다
먹을 것 없던 시절
배고픈 설움은 오죽했을까
종일 먹는 생각뿐이다
그래도 시무룩한 소양이가 안쓰러워
뒷산 오르다 어지러워 도중 내려왔다
사람은 똥 없으면 못 걷는다
똥이 힘이다
삼일 굶으니 참 먹고 싶은 것도 많다

이제 나는 뱃속에 똥 하나도 없다

배고파봐야 안다
똥 없으면 못 걷는다
똥 없으면 죽는다

뜬물개떡

확돌에 보리쌀 갈고 나면 뜬물 한방울도 아까워
어머니는 주둥이 큰 너럭지에 모았다
몇날 모인 뜬물이 고이고 가라앉으면 웃물은 버리고
보자기 깔고 재를 얹어 물기를 잡았다
강낭콩 돈부콩 뿌려 쟁반 가득 쪄내었다
가난도 고이면 힘이 되듯 네모반듯 김 나는 뜬물개떡
비 내리는 여름날 마루에 둘러앉아 입이 궁한 우리는
거침없는 어머니 손끝이 얼마나 자랑스러웠던가
지나는 이웃들 불러 한입씩 나눠 물고 뜬물개떡 하나에
행복했으니

스스로 가라앉은 힘이 다시 일어서는 힘이었음을

만추

오늘도
쪽빛 하늘
뒤란 감나무 서정의 붉은 홍시다

인간, 팔이 짧다는 게 얼마나 다행이냐

먹감나무

새벽이면 어머니는 남들보다 먼저 물동이 이고 나가
우물길에 떨어진 홍시를 주워 오셨다
젖이 보타 배고파 울던 아이에게 홍시를 떠먹이셨다
그 달달한 홍시를 받아먹고 자란 아이가 육십 넘어
먹감나무 아래 실금 간 홍시 하나 주워 든다
이 맑은 감을 위해 어머니도 먹감나무도 속을 태우셨구나

태어나 어머니 젖 말고 처음 먹어본 것이 감이었다
지금은 촌에 어머니도 울 아이도 없다 누구 하나
거들떠보지 않은 감들이 겨우내 떨어져 깨진다

―저게 감골이야

아버지는 고욤나무를 부지런히 키워 봄이면 접붙이셨다
하나둘 감나무가 늘어나고 감이 열렸다
가을이면 아버지는 지게 짐을 부리다 마당을 쓸다
붉게 물든 앞산을 바라보며 감빛처럼 환해지셨다
맑은 강물에 담긴 감들, 잉그락불 같은 감빛은 평생 내 서정의 뿌리가 되었다

어머니는 밭으로 논으로 부지런히 뛰었고
틈틈이 감을 따 밤이면 감을 깎으셨다 호롱불 아래 윤나던
감들이 얼마나 이뻤는지 이불 속에 누워 아른거리는
어머니 그림자 오래오래 바라보다 잠이 들곤 했다

아침이면 그 많던 감들은 사라지고 방까지 깨끗이
정리되어 있었다 아버지는 텃논 감덕에 어머니가 밤새
깎은 감을 꼬쟁이에 꿰어 내다 거셨고
삼단같이 긴 감 껍질은 마당 빨랫줄에서 말라갔다
곶감은 먹어보지도 못하고 팔렸지만 서운하지 않았다 뿌
옇게 분이 난 감 껍질은 겨우내 우리들의 다디단 간식이 되
었으니까

봄이 오면 어김없이 감꽃은 다시 피었고 가을이면 주먹
같은 감들이 잎 사이 드러났다 산 밑 저 선연한 먹빛 감들,
날마다 굵어지고 붉어지지만 이제 감 딸 사람도 바라볼 사
람도 없다 겨울 산그늘 따라 얼었다 녹았다 떨어져 깨질 뿐
　겨울 다 가도록

먼 젖은 산이

밤사이 내린 비에
마당이 촉촉이 젖었다
어제 심은 매화 살구 목단꽃이
좋아라 하겠다
잘린 매화 가지 몇개
아침 화병에 꽂는다
담 너머 산수유꽃
노란빛은 짙지 않아 좋다
수선화도 얼추 컸고
수레국화 자란 마당
푸른빛이 돈다
오늘은 새 한마리
못 오는갑다
가을은 빗속에 떠나고
봄은 빗속에 오더라
먼 젖은 산이 내내
내 몸인 듯 짠하다

못난 시인

내 아내는 맨날 뭐라 한다
사십이 넘어도
시집 한권 내지 못하고
남의 글이나 읽고 산다고

시인들아
우리 집에 책 보내지 마라
부부 쌈 난다

묵정밭 1

밭두둑 만들어
강낭콩 심었더니
강낭콩 나고
서리태 심었더니
서리태 나고
안 심은 자리 안 나고
풀이 나더라

원래 밭 주인은 풀이었더라

묵정밭 2

설핏, 마당 잔디에 푸른빛이 돌고
할아버지 닭장 너머
몇그루 매화꽃이 그윽하다
늘 드나들며 바라보던
저 묵은 밭을 올해는 개간하고 싶다

할아버지께 말씀드렸더니
기왕 밭을 개간하려면
더 넓혀 이것저것 심으라 하신다
우거진 풀대만 걷어놓으면
할아버지 로터리 쳐주신단다

신이 난 나는 마른 풀대를 치우고
부지런히 경운기 따라
잔돌 주워 밭 가상에 쌓았다
경운기 지난 자리마다
할아버지 주름살 같은 밭고랑이
거짓말처럼 가지런히 놓인다
경운기는 시끄럽지만 일도 잘한다

험한 길 잘도 넘는다

따그락거리는 경운기 따라
바삐 돌 줍는 게 짠해 보였는지
할아버지 뒤돌아보며
돌도 오줌 싼다 웃으신다
머리가 허연 여든다섯
할아버지 주름살은 땀이 흘러 생긴 골이다

묵정밭 3

오늘도 묵정밭에 나가 밭두둑을 만들었다
한삽 떠 우측으로
한삽 떠 좌측으로
우측이 배부르면 좌측이 배고프고
좌측이 배부르면 우측이 배고프고
서운한 쪽 반삽 떠 다독인다
고랑이 깊으면 밭두둑이 배부르지
한쪽은 늘 헤린 법이지
스무개 넘는 밭두둑을 혼자 만들었다
칭찬에 인색한 마을 할머니
농사도 공단처럼 이쁘게 짓는다며
칭찬을 한바가지 놓고 가셨다
기분이 아주 좋았다
그런데 왜 밭두둑이 휘었냐고?
그게 어머니 아버지 살았던 길이고
내가 가고자 하는 길이다

자연은 꼬부장한 게지

민들레

1
촌에 살며 한번도 민들레
곧고 깊은 뿌리 이겨보지 못했다

그 뜯긴 뿌리 키워
봄이면 보란 듯이 내 앞에 꽃 피웠다

나를 무릎 꿇게 했다

2
내 키가 작다고 그런 소리 마
나를 보려면 너도 작아져야 해

반성

나는
나보다 더 착하게 쓴 시가 더러 있다
시인이라면 부끄러운 일이다

밤마다 내려오는 별은 어쩌고

시골집 하나 사 고쳤더니
집에 온 사람마다
당호를 지어 걸라 한다
그래도 저래도 좋지만 난 싫다
무슨 특별한 집처럼 사람처럼
표 내는 것 싫다
사시사철 찾아드는
벌 나비 집이고
바람과 햇살 오가는
두꺼비 집이고
돌담에 숨어 사는 다람쥐도 주인인데
힘센 짐승이라고
지 맘대로 내걸면 폭력 아닌가
집 찾아드는 오만 것들
자기 집이라 하면 안 되는가

밤마다 내려오는 별은 어쩌고

배추

배추가 푸르게 자릴 잡았다

무수한 말들 흘리며 나는 살았다

아직도 하고픈 말들 너무 많다

아끼지 않은 말은 시가 아니다

입 다물어야 속 차오르는

배추밭을 지나며

벌초

벌초 간다
잠을 설쳤다
오랜만에 고향길 나서니 설레었다
통 잠을 못 잤다
새벽 세시에 일어나
아버지에게 드릴 과일, 술 준비하고
시집도 챙겼다
몇년 사이
고향 마을보다 선산이 더 번창했다
아버지 얼마나 좋아하실까
 ─우리 집은 시인이 둘이여

아버지 무덤 앞에
깊이 고개 숙였다
알고 보면 풀 냄새
흙냄새가 나를 키웠다

강물 소리는 어쩌고

보리밥을 먹다가

따로 놀았다
왕따였다
부끄러워 벤또 뚜껑으로 밥을 가렸다
미술 시간 색종이 붙이는데 힘들었다
쉽게 으깨지지 않았다

마찌꼬바 삼십년
외롭게 살았다
그래도 한눈팔지 않았다
한세상 비겁하진 않았다
몸이 좀 망가져 그렇지

봄날

새들은 언제나 끝에 앉는다

쉽게 왔다

쉽게 떠나기 위해

집에 두고 온 아이들이 여럿이기 때문이다

빠구 아재

봄밤 자다 깨어 어린 날 잠시 스친
나는 왜 빠구 아재가 그리워질까
말 한마디 없이 양지쪽에 앉아
떠도는 수상한 소문들 움켜쥐고
이엉만 엮던 빠구 아재
작은아버지 댁에 새경 없이 눌러앉아
밥 얻어먹던 동학도였다던가
머리에 수건 질끈 동여맨
고아였다던가 고자였다던가
단 한번 정월보름
굿판을 위해 참아온 사람처럼
풍물판 쇠재비 되어 신명 났던
고갯짓이 유난했던 빠구 아재
아이들 놀림에도 손 저으며
어디로 떠났는지 죽었는지
훌쩍 사라진 빠구 아재
혁명은 끌고 가는 게 아니라
밀고 가는 것이지
정월보름 모닥불 너머

잉그락불 같은 얼굴 중에
왜 뜬금없이 아재가 떠오른 걸까
동학도였다던가

사람덜이 그러면 못쓴다

핸드폰에 저장된
아내 이름은 참 좋은 아내다
동해는 참 좋은 아들이고
도연이는 참 좋은 딸이다
나만 그냥 김용만이다
한집에 살면서
참 좋은 남편이고
참 좋은 아버지면 어디 덧나나
사람덜이 그러면 못쓴다

사람들은 왜 그럴까

일찍 뒤란 밭 물 주고 내려왔다
땅콩, 고추, 토마토, 가지, 호박
물만 줘도 좋아라 한다

그러나 사람들은 물만 주면 짜증 낸다

사람 별것 아니네

뒤란 밭에 물 뿌렸네
부지런도 하지
검은등뻐꾸기가 아찌 뭐 해요
아찌 뭐 해요
일찍 와 자꾸 묻는데
대답할 말이 없어
모른 척 물만 뿌렸네

촉촉하게 젖은 땅만큼이나
내 맘 호복한데 새는 애가 타네

내일도 자꾸 물어볼 텐데 걱정이네

사람의 일

나무의 일은 하늘을 향해 바로 서는 것이고
땅의 일은 수평을 이루는 것이다
사람의 일은 수평과 수직을 지키는 삶이다
쉽지만 사람들은 안 한다

나무와 땅을 괴롭힐 뿐

시멘트 매꼼히 발라버릴 뿐

사랑

요양병원만 가면
어머니와 나는 늘 가까워집니다
오랜만에 만나 반갑기도 하지만
어머니 귀가 어둡기 때문입니다

두 귀로 들어도 모자란 것 있고
한쪽 귀로 듣고
한쪽 귀로 흘려버려야 할 것 있기에

보청기를 권해보지만
이제는 세상사
귀 닫아도 될 아흔이라고

어두운 귀 덕에
늘 우린 화끈하게
터놓고 사랑합니다

산

산그늘 끌어안은
어두운 산이 좋습니다

마당에서 쳐다보는
침묵이 좋습니다

산 위에 별 두고
해와 달을 두고

산 아래 산다는 것이
더욱 좋습니다

마주 보고 살아야 하는 것이
가슴 뛰게 좋습니다

산길 걸으며

질 것 다 졌다
감출 것도 없다
얼마나 홀가분하고 개운한가
환한 생인가
나무, 더는 쪼들리고 흔들릴 일 없다
겨울 햇살에 잠겼다
가끔 눈부셔 눈 뜨다
다시 눈 감으면 하루
젖은 잎들 뒤척일 새도 없이
산그늘 내린다
끝내 서서 죽어갈지라도
산중에 사는 일은
땅이 중심이다
하늘이 중심이다

산길에서

다시 또 봄은 왔는데
어떻게 앉아만 있냐
겨우내 녹슨 호미 걸어놓고
어찌 책만 보냐
저 앞산 진달래
산벚꽃 팡팡 터지는데
환장 없이 앉아만 있냐
매급시 가슴 울렁이는데
내게 진정하라니
그게 할 소리냐

산의 언어는 침묵이다

아침부터 종일 그만큼
비가 내린다
창을 열고 촉촉한 앞산 바라본다
우거진 나뭇가지는 고개를 늘어뜨리고
새는 전깃줄에
긴 꼬리 하나로 균형을 잡는다
외로울 새도 없이
하루가 간다는 것
얼마나 허망한 일인가
뻐꾸기 잠시 울다 간 후
인적 없는 산중
적막하게 감꽃 하나 진다
산의 언어는 침묵이다
나도 오늘 한마디 말을 잃었다

산중에 오는 비는 발 디딜 곳이 많습니다

하루걸러 또 비 옵니다
이러다 호맹이 녹슬겠습니다

조곤조곤 지법 내립니다

창밖 다무락도 젖고
갓 핀 목단꽃도 젖습니다

산중 내리는 비는 소리로 옵니다

자박자박 발 디딜 곳이 많습니다

새

집 앞 전봇대 꼭대기에
언젠가부터 작은 새 한마리 드나든다
놓칠세라 먹이 앙다문 모습이 차라리 나였다

내일은 비 소식인데
뚜껑 없는 집
비가 오면 어쩌나 하며 나도 살았다

종일 들랑날랑
먹고사는 일이
금세 집 나서야 하는 일임을

새를 기다리는 중이다

새벽 세시에 일어났다
어제 못한 설거지 해놓고
말린 무 몇 넣고 물 끓인다
오월 보름밤
달 없는 마당을 서성인다
별것 아니다
잠시 산 밑 개가 짖다 말 뿐
산중은 과묵하다
비 소식이라 달은 없다
아직 반소매는 춥고
밤이어서 그런가
손가락 하나 끄떡없이
나무들은 잘 잔다
얇은 계간지 한권 읽어내지 못하고
내내 풀하고만 싸운다
곧 부지런한 검은등뻐꾸기가
일어날 시간이다
진하게 우러난 물 한잔 들고
새를 기다리는 중이다

새벽길

안개가 산을 넘고
개는 짖고
꿩은 꿩꿩 울었다
너는 어디서 우느냐
아침을 위해
닭들도 성심을 다했다
이장님 벌써 풀약통 메고 콩밭에 섰다
저놈의 풀약통, 속으로 투덜거렸다
다리목 컨테이너 박씨 감자 캔다
가물어 씨알이 잘다고
푸른 산 밤꽃은 버짐처럼 박히고
마을은 반나마 비었다
오늘도 돌아올 수 없는 넌
어느 공사판 담벽에 기대어 우느냐
개망초 밥티처럼 뿌려진
이 쓸쓸한 길에서
내가 삼켜야 할 울음은 또 무엇이냐

서점에 갔다

오랜만에 서점에 갔다

책이 무지 많았다

일층에도

이층에도 꽉 찼다

저걸 누가 다 썼지?

저걸 누가 다 읽지?

저걸 언제 다 팔지?

나는 서점만 가면 책이 걱정이었다

선글라스

혼자서도 살림 잘하고 산다며
아내가 선글라스 하나 사줬다
도수 들어간 비싼 걸로
그런데 산중에 사니
자랑할 사람이 없다
그래서 소양이랑 산책 갈 때 쓰고 간다
산길 오르며 감나무에게
산길 내려오며 참나무에게 자랑한다
그래도 사람이 아니어서
좀 시시하다

세상이 시끄럽다

세상이 시끄럽다
그럴 수 없다고 잊었던 무서운 말들이
겁 없이 입에 오르내렸다
며칠 일을 접고 뉴스만 봤다
그래도 아내는 아무 말 안 했다
사람들이 연일 여의도에 몰려갔다
산중에 사는 나는 갈 곳이 없어
소양이 데리고 산에 갔다
산속 나무에게 다 일러바쳤다
그래도 나무는 말이 없다
조금 서운했지만
나무는 침묵도 긍정이라 생각했다

소똥

찬 바람 부는 강가에서 아버지와 나는
정성 들여 소똥을 닦고 몸에 오방색 띠를 둘렀다
좁은 강 길에 화물차가 들어와 소를 실었다
아버지는 조수석에 앉아 전주로 떠나셨다

공설운동장에서 열린 종모우 경연 대회
아버지는 생애 처음이자 마지막 상을 받으셨다

아버지는 강변 풀 좋은 곳 찾아
소 매어놓고 흐뭇하게 바라보시곤 했다

― 저건 내 소여

파리를 쫓기 위해 고개를 저을 때마다
장그랑거리는 평경 소리와 우람한 목덜미가 보기 좋았다
나는 지금도 풀밭만 보면 소 생각이 난다

소 없는 강변, 풀들만 우북하다

낫을 들고 싶다
불을 넣어 만든 묵직한 조선낫 말이다

시월

시월까지 왔다
이제 너의 멱살을 놓아주마
나는 죄 없는 풀포기나 쥐어뜯으며 시월까지 왔다

감잎이 자꾸 돌담 위에 쌓인다
상처 많은 잎이 더 곱다

노을 없는 산중
남쪽으로 기운 해가 일찍 졌다

이제 호미를 내려놓으마

# 시인

나숭개
지칭개
원추리
빠뿌쟁이
싸랑부리
뽀리뱅이

시는 단맛보다 쌉쏘롬한 쓴맛이야

예 어머니, 더 외진 밭둑으로 가겠습니다

시인네 배추밭

시인네 배추밭 고랑은 굽고 삐딱해야 한다
밭 가상에는 항상 던질 수 있는 돌멩이를 쌓아둬야 한다

십일월의 비

십일월의 비가 내렸다
그치고 바람이 어제오늘 오만 데로 불었다
싱건지 담가놓고 가마솥에 시래기 삶았다
나뭇가지 넣으며 부지땅 들고 콧물 닦았다
생솔가지에 눈물 글썽이던 요양병원 어머니가
생각났다 인형을 물어뜯던 소양이도 방으로 숨었다
인형 속 솜이 온 마당에 널렸다
무청 겨우 삶아 빨랫줄에 걸쳤더니 비가 왔다
걷었다 날은 푹했다 더워도 추워도 걱정인
십일월의 비다

안부

산중
호박잎 위에 서리 하얗게 내리고
살풋 첫얼음이 잡혔다
요양병원 어머니 전화다
밥은 먹었냐
날이 춥다
어머니 안부는 밥이 시작이고
밥이 끝이다
배고파보지 않은 것들이
산그늘 서늘한 내력을 어찌 알겠냐
앞산 붉어지는 감빛에
눈이 침침타

어머니

병원에 계신 형수님 전화다
어머니가 많이 좋아지셨단다
교대하고 돌아와
울먹이는 형수님 얘기 듣고
마당 꽃밭에 물 뿌리다
밤하늘 보며 나도 따라 울었다
오늘 밤은 별들도 유난히 초롱하다
하느님도 가문 별밭에
물 뿌리시나보다

하느님, 별밭에 물 호복이 주세요
우리 어머니가 식사를 시작하셨대요

어머니 없는 첫봄이다

묵정밭 로터리 치고 감자 고랑 탔다

돌 줍고 두둑 만들고 뒤돌아보니

어머니가 끌고 온 산그늘처럼 삐뚤빼뚤 눈물겹다

용만네 감자 고랑은 서투른 게 희망이다

여름밤

새벽이 되어서야 더위가 좀 가셨다
마당에 나와 꽃밭 주위를 서성인다
마당에 살던 참개구리 한마리
폴짝 꽃 숲에 숨는다
적막한 새벽 이 잔잔한 흔들림
너는 누구의 마음 저리 흔들어보았느냐

예의

나는 꽃을 보기 위해
사진 찍기 위해 일부러 찾아 나서지 않는다
돈도 시간도 없다
카메라도 없다
일하다 호미 놓고
소양이랑 산책하다
핸드폰 꺼내 그냥 찍는다
꽃 보기 위해 길 벗어나지 않는다
벗어난 그 길은
고라니가 새끼 찾는 길이고
풀꽃들 땅이다
꽃을 좋아하는 일은
꽃 사진이 아니라
발밑을 조심하는 일이다
꽃도 밟히면 아프다

오늘의 일기 1

소양이가 냅다 짖었다
전기 검침원 다녀갔다
박카스 한병 따드렸다
다시 소양이 엎드려 코 박았다
우편물이 있는 날은 두번 짖었다

오늘의 일기 2

전기 검침원이 사라졌다
한달에 한번 오는
사람 그리운 산중
짖는 일이 일과인 소양이 반실업자가 되었다
사놓은 박카스가 반나마 남았는데
마을 초입 할아버지도
또랑 건너 최씨 아재도
검침원이 사라진 줄 모른다
그래도 전기세는 꼬박꼬박 나온다
참 귀신같은 놈들이다

오월

산길 걷다
조용히
찔레꽃
한송이 길가에 놓는다
이 산중에서
내가 할 수 있는
유일한
일이므로

우중 일기

종일 비가 내렸다
많지도 적지도 않게 내리다 그치다 했다
머리가 허연 마을 초입 할아버지
뒷짐 지고 지나갔을 뿐
종일 아무도 보지 못했다
비를 맞은 초가실 풍경들이
산 아래 엎드려 쓸쓸하고 적막했다

목침을 자꾸 고쳐 베며
아버지는 심심하게 누워 계셨다
나는 아버지 머리맡에 앉아
흰머리를 뽑고 손톱을 잘라드렸다
아버지 엄지손톱은 두꺼웠다
잘린 손톱에 흙이 끼어 있었다
어린 날 모로 누워 계시는
아버지 모습은 늘 앞산처럼 듬직했다

오늘은 새도 바람도 오지 않았다
지붕을 타 내리는 집시랑물이

그칠 듯 말 듯 또각거렸다
그렇게 심심하게 하루가 가고
일찍 어둠을 불러 산중 풀벌레 울었다

월사금

보리가 많이 자랐다
논둑길을 달려 집으로 뛰었다
멀리 보리밭에 어머니 앉아 계셨다

― 먼 일이냐
― 일기장을 놓고 갔어요

돈 얘기는 꺼내지 못했다

가난한 그 길에 어머니 울고
나는 자랐다

위봉사

집 근처 절에
걸어서 다녀왔다
절이 조용하여 절간 같았다
볼이 맑간
스님 한분 만났다
다소곳이 고개를 숙인다
스님에게 절 받았다
나도 고개를 숙였다
그래서 절이다

일기

이따만한
대보름달
앞산 위에 걸렸는데

오늘 아무 일도 없었다고

하마터면 쓸 뻔했다

작은 나비

작은 흰나비 한쌍
지그재그 쫓고 쫓긴다
정신없이 오른다
사랑하는 사이 맞다
전봇대보다 높이 올랐다
사랑하면 겁도 없다
나도 저런 때 있었나
마당 나무 밑 쪼그리고 앉아
정신 놓았다

하늘 참 몸쓸나게 푸르다

전국적으로

어떤 이들은
전국의 땅덩이를
돈으로 힘으로 차지했다지만
우리 형제들은 가난 때문에
빈 몸뚱이 하나로 전국을 차지했다

시골 사는 큰형님
서울 사는 용구 형님
부산 사는 이놈
대전 사는 해숙이
군산 사는 복숙이
그리고 막내는 남해

우리 여섯 남매
전국으로 흩어져
살아남기 위해
그야말로 전국적으로 산다

자식 낳아 이리저리 다 뺏기고

오늘도 호미 들고 살며
밤마다 전국적으로 몸이 쑤시는 어머니는

어디에 열차 사고
어디에 불만 나도
전국을 걱정하고 살지만
우리는 가난 때문에
뿔뿔이 흩어져
그야말로 전국을 점령했다

전지

나뭇가지 자른다 김해 공장 화단
사다리 위 걸터 서서

손 든 놈 손 자르고
손목 쥔 놈 손목 잘라버린다

올해도 삐딱하게 자란 저것들

이 세상 손 들어야 할 때
손 한번 못 든 못난 손으로
살기 위해 솟은 나무 목을 친다

우북하게 떨어져 쌓인 가지들
결국 내 형이고 동생이고
내 목인 것을

졸라

소양에 온 딸아이가
이른 아침 마당에 핀 채송화 보고
졸라 이쁘네, 한다

야가 비싼 돈 주고 학교 보냈더니
외국 말도 거침없네

대견하여

아침부터 나도 졸라 행복했다

지지대

종일 뒤란 밭 오이 섶 만들고 고추 지지대 세웠다
마당 꽃밭 쇠 말뚝을 나무 말뚝으로 바꿨다
평생 쇠 갈고 때우며 손가락 휜 시인네 말뚝이
쇠 말뚝이면 좀 그렇지 않은가
비 오고 바람 불어도 고개 숙이지 말아라
꺾여 쓰러질지라도, 살아온 삶이 이미 땜질 아니던가

직심

오늘은 책을 많이 읽었다
그래서 기분 좋았다
책 덮고 마당에 내려서니
잠자리떼 낮게 날고
잔디 위 나무 그늘 선명하다
이불 탈탈 털어 널고
천일홍, 열무에 물 흠뻑 줬다
산이 햇살이 어제보다 이뻐 보인다
안 하던 짓 해서 그런가
내일도 책을 많이 읽어야지
무슨 일이든 직심 있게 해라
아버지 내게 남긴
단 한마디

차마

퇴직하고 산골 내려와
아내 곤히 잠든 밤
홀로 깨어 서늘히 시집 읽는다
밤새 눈 내려 쌓이고
언제 그랬냐는 듯
하늘에 별들 깊다
문밖을 나서려다
눈 귀한 데 살다 온
아내 위해 차마
마당에 내려서지 못했다

채송화

작고 여리지만
채송화는 한여름 더위 속에 핀다

좀만 더워도 사람들은
아이 더워
아이 더워 엄살떤다

실은 저그덜이 이 세상 불 질러놓고

콩 타작

　마을 할아버지 콩 타작 도와드렸다 비 소식 있어 서둘렀다 여덟마지기 적은 양이 아니었다 도중 빠져나올 수 없어 끝까지 힘 좀 썼다 괜히 도와준다 했나 살짝 후회했다 하지만 마을 막내인 내가 창고까지 오십가마니 넘는 콩을 힘 안 든 척 쌓아드렸다 쌀쌀한 날씨지만 옷이 젖었다 난 시골 부자 안 할래요 부잣집 옆에만 살아도 힘들다 했더니 할머니 웃더라 촌부자는 힘들다 도시는 돈만 챙기면 되는데 촌은 가마니째 챙겨야 한다

　그래도 씻고 나니 기분이 참 좋았다

토끼풀꽃

말한 이는 낫날에
목이 날아갑니다
조용히 귓속으로 전하여
찔벅이며 눈짓하여
말없이 두 손을 불끈 들어
달뜬 강변에
와— 와—
일제히 웃었습니다

풋감

고샅에 세살배기 주먹 같은
풋감이 자꾸 떨어져 깨진다

가을도 오기 전
금이 간 푸른 생이 슬프다

핑 다녀오세요, 했다

아내가 십이일간 유럽 여행을 갔다
나는 안 갔다
나는 유럽보다 봄이 오는 우리 마을, 내 작은 집이
더 좋다
긍게 안 갔다
그래서 늦은 밤 터미널에 아내 내려주고
핑 다녀오세요, 했다

한수 양반

한수 양반이 돌아가셨단다
욕 잘허고
일 잘허고
술 잘 먹던 어르신이

명절이 와도
이젠 회관 마당
썰렁허겄제
쓸쓸허겄제

윷이야
허벅지를 치던
고함 소리 들을 수 없겄제

산일
개 잡는 일
돼지 먹따는 일
깨끗이 손 씻었제

윷이야
개 조또
아 저 씨부랄 것이
입 싹 닫아부렀제

햇살, 좀 놀면 어때

오랜만에 가을 햇살
마당에서 좀 놀면 어때
빨래해서 널고
거기다 이불 빨래까지
빨랫줄 늘어지도록 널어놓고
흐뭇하게 바라보는
빌어먹을 승질머리하고는

호미

간밤에 비가 왔다
반가워 식전에 고구마밭 다녀와 호미 씻었다

호미도 닳는다
끝을 보라

날을 버리는

나를 버리는

시작과 다짐은
언제나 다시 끝이다

황소

아버지는 언제나 황소만 키우셨다

당신은 굶어도 소는 굶기지 않았다

연한 풀 뜯어다 한여름에도 소죽 쒀 먹였다

암소를 키우면 일 시켜야 하잖아요

소 대신 아버지가 힘써 일했다

황토

바람 부는 솔숲 아래
붉은 황토 깊이깊이
아버지 유골 가지런히 묻어두고

자다 깨다
자다 깨다

서울역에 내려서니

구두 끝에 묻혀 온
붉은 살 한 점

| 해설 |

꽃밭을 텃밭으로 바꾸는 혁명

고영직

가지런한 가난

김용만 시인의 신작 시집 『기억은 가시 허웅은 황토』는 첫 시집 『새들은 날기 위해 울음마저 버린다』(삶창 2021)에서 추구한 '가지런한 가난'의 시 세계를 여일(如一)하게 이으면서도 시인의 산중 일기가 점입가경의 경지에 이르렀음을 잘 보여준다. 시인은 가나다순으로 배열한 91편의 시를 통해 "산중에 사는 일은/땅이 중심이다"(「산길 걸으며」)라는 점을 분명히 하며 대지(大地)의 언어를 사유하고자 한다. 특히 "꽃밭을 텃밭으로"(「꽃밭을 텃밭으로」) 바꾸듯이 고되고 질긴 노동에서 농업적 순환의 삶과 노동으로 삶의 전환을 꾀한 이후의 삶의 행보를 정직하고 섬세하게 기록한다.

시집을 읽으며 가장 인상적이었던 것은 시인이 자연 앞에서 절대 센 척하지 않으며 겸허한 태도를 한결같이 보여준다는 점이다. 예를 들어 "담 안에 꽃밭을 늘리는 일은/실은 나를 담 안에 가두는 것"(「꽃밭을 텃밭으로」)이라는 표현을 보라. "꽃밭을 텃밭으로" 바꾼다는 것은 마치 '벽을 문으로' 바꾸는 행위처럼 쉽지 않은 일이다. 이같은 시선의 전환은 에코(eco)보다 이코노믹(economic)을 더 추앙하려는 견고한 마음의 불문율을 부수지 않고서는 불가능하다. 한마디로 말해 근본적인 회심(回心)과 같은 삶의 전환이 적극적으로 요청된다.

그런 점에서 『새들은 날기 위해 울음마저 버린다』는 새로운 삶의 전환을 모색해온 김용만 시인이 시단에 내놓은 시적 출사표 같은 시집이었다. 특히 "아름다운 것들은/땅에 있다//시인들이여//호박순 하나/걸 수 없는//허공을 파지 말라//땅을 파라"(「시인」) 같은 시를 보라. "허공을 파지 말라" "땅을 파라"라는 명령형에 잘 나타나듯이 시인의 산중 생활은 세상으로부터 퇴각한 소위 '자연인'의 귀촌살이도 아니고, 고상한 탈속(脫俗) 취미와도 무관하다는 점은 분명하다. "높은 산 보고/낮게 사는 법"(「산중 풍경」)을 배우며 자기 앞의 인생을 전환하고자 한 시인이 이룩한 득의의 성취였다고 할 수 있으리라.

첫 시집을 단숨에 읽고 난 후 신선한 감동을 받았던 기억이 새롭다. 김용만 시인은 수사의 생략과 단순미의 추구를

특징으로 하는 평범하고도 담백한 시어들을 통해 농업·농촌·농민 등 3농(農)의 가치를 온전히 껴안으며 '자발적 가난'의 세계를 추구하려는 비범한 시 세계를 독자들 앞에 부려놓았다. 시인의 담담한 어조와 태도는 요즘 시단의 시풍(詩風)과는 사뭇 다른 낯선 감동을 주었으며, 시집 어느 구석에서도 한줌의 나르시시즘조차 느껴지지 않는 담백한 시어는 특히 백미였다. 인공지능 시대에 이르러 '경험의 멸종'이 현실화하는 세상에서 시인은 '깊은 심심함'의 세계를 오롯이 보여주었다.

'사잇돌'처럼

두번째 시집 『기역은 가시 히읗은 황토』에서 시인은 자신이 가꾸는 텃밭의 작은 변화를 비롯하여 산중 생활의 작은 기미들을 섬세하게 관찰하면서 자연과 인간 사이의 생태계를 조화롭게 유지하기 위해서는 '사람의 일'이 무엇이 필요한지 여전히 궁리한다. 그리고 '대지의 청지기'로서 '한 사람의 혁명'을 추구하고자 한다. "사람의 일은 수평과 수직을 지키는 삶이다"(「사람의 일」)라고 말했듯이 시인은 자연과 인간을 살피고 돌보는 청지기가 되어 "수평과 수직을 지키는" '사잇돌' 같은 삶을 기꺼이 살고자 한다. 시인은 산문집 『흘러가는 기쁨』(달로와 2024)에서 사잇돌의 역할에 대해 이

렇게 썼다. "저 돌과 돌 사이/작은 돌 하나/가지런한 돌담 지킨다"(「사잇돌처럼」).

일찍 뒤란 밭 물 주고 내려왔다
땅콩, 고추, 토마토, 가지, 호박
물만 줘도 좋아라 한다

그러나 사람들은 물만 주면 짜증 낸다
―「사람들은 왜 그럴까」 전문

  시집을 읽다보니 식물학자 조안 말루프가 『나무를 안아보았나요』(주혜명 옮김, 아르고스 2005)에서 한 말이 떠오른다. "우리는 달나라에 가는 세상에 살고 있지만 아직도 우리의 뒷마당에서 무슨 일이 일어나고 있는지는 모르는 것이다."(94면) 우리는 그렇게 식물맹(plant blindness)의 근대인이 되어 초라한 경제동물 신세를 면치 못하고 있는 건지 모르겠다. 그런 점에서 이 시집은 어조는 담담하되 지금-여기의 세상에 던지는 격렬한 격문으로 읽어야 마땅하다.
  다시 말해 시인은 자연과 인간의 관계는 절대 분리될 수 없으며, 지금-여기의 대지 또한 '누군가'의 소유가 아니라 '누구나'의 공유지여야 한다는 믿음을 행간에 부려놓는다. 이러한 인식을 드러내는 작품은 시집 곳곳에서 발견된다. 얼핏 보아도 「같은 산에 살면서」 「묵정밭 1」 「전지」 「황소」

등이 눈에 띈다. "괜찮다 잘 짓든 못 짓든/나누는 것도 농사다"(「감자 캤다」)라든가, "죄 없는 목숨들께 미안하다"(「같은 산에 살면서」) 같은 구절들이 특히 깊은 공감으로 와닿는다. 시인은 "같은 산에 살면서" 덫에 걸린 멧돼지 새끼를 무자비하게 다루는 할아버지를 보며 '같이'의 생태계 사슬이 무너진 관계의 생태학을 어떻게 복원해야 하는지 침통한 눈으로 응시한다.

이와 관련해 환경학자 후지하라 다쓰시가 『분해의 철학』(박성관 옮김, 사월의책 2022)에서 덧셈과 곱셈을 숭배하려는 근대의 신화에서 벗어나 이제는 뺄셈이며 나눗셈인 세계로 삶의 태도를 전환하자고 한 대목이 연상된다. 쉽지 않다. 삶의 관성과 관행은 쉽게 바뀌지 않기 때문이다. 하지만 김용만 시인은 알면서도 행하지 않는 냉소주의에 빠지지 않으며, 한 사람의 혁명가로서 종(種)의 민주주의가 실현되는 세상이 곧 좋은 사회라는 인식을 시집 곳곳에서 드러낸다. 그러나 너무 심각한 표정으로 '한 사람의 혁명'을 추구하지는 않는다. 「사람들은 왜 그럴까」 「전국적으로」 「졸라」 같은 시들이 보여주듯이 첫 시집에 비해 유머 감각이 더욱 세련되고 풍부해졌다는 점은 '대지의 청지기'로서의 삶과 투쟁이 어느 정도 여유가 생겼다는 방증일 것이다.

　　시골집 하나 사 고쳤더니
　　집에 온 사람마다

당호를 지어 걸라 한다
그래도 저래도 좋지만 난 싫다
무슨 특별한 집처럼 사람처럼
표 내는 것 싫다
사시사철 찾아드는
벌 나비 집이고
바람과 햇살 오가는
두꺼비 집이고
돌담에 숨어 사는 다람쥐도 주인인데
힘센 짐승이라고
지 맘대로 내걸면 폭력 아닌가
집 찾아드는 오만 것들
자기 집이라 하면 안 되는가

밤마다 내려오는 별은 어쩌고
─「밤마다 내려오는 별은 어쩌고」 전문

 이 시는 '대지의 청지기'를 자임하는 김용만 시인이 이번 시집에서 추구하려는 '한 사람의 혁명'이란 무엇인지를 잘 말해주는 작품이 아닐까 싶다. 일종의 '애니미스트(animist) 선언'으로 읽히는 이 시에서 시인은 우리가 발 딛고 사는 대지란 누군가의 독점적 소유가 아니라 누구나의 공유지가 되어야 한다는 시적 믿음을 담담한 어조로 표현한다. 그리고 인간만이 우월한 존재가 아니라는 것을 깨닫고, 동물과 식물 그리고 무생물의 존재들을 한낱 사물로 취급하지 않고 생명을 지닌 존재로 여긴다.

시적 화자가 사는 '시골집'이란 "무슨 특별한 집"이 아니다. "벌 나비 집"이고 "두꺼비 집"이며 "집 찾아드는 오만 것들"의 집이므로 누군가의 소유임을 알리는 '당호'를 붙인다는 것은 당치 않다. 이러한 인식에서 알 수 있듯이 시인의 시 쓰기는 자연을 소재주의로 취급하려는 얕은 생태학이 아니라 식물 또한 '사람(person)'으로 간주하려는 최근의 애니미즘 논의를 적극 수용하면서 깊은 생태학의 차원을 지향한다. 생태종교학자 유기쁨이 『애니미즘과 현대 세계』(눌민 2023)에서 역설했듯이 생태 위기는 곧 소통의 위기라는 점은 말할 나위 없다. 나는 김용만 시인이 '산중 일기'의 형식을 취하되 애니미즘의 세계를 더욱 깊이 탐구하여 자본주의에 중독된 우리들의 얼어붙은 마음을 녹일 수 있는 맑은 시편들을 계속 써주기를 바란다.

꽃밭을 텃밭으로

김용만 시인이 추구하는 '한 사람의 혁명'이란 거창한 것이 아니다. 그것은 산문집의 제목처럼 "흘러가는 기쁨"을 나날의 일상에서 누리는 삶과 노동을 의미한다. 그가 "새해 작은 꿈 하나 있다/새벽에 일어나 마당에 나서는 일이다"(「꿈」)라고 말한 이유는 다른 데 있지 않다. "가난은 어째서 평화로운지/삼시 마당을 서성이"(같은 시)며 '가지런한 가난'의 삶을 살기 위해서이다.

이처럼 김용만 시인이 추구하는 '한 사람의 혁명'이란 '남들처럼'의 덫에 빠져 맹목적으로 눈먼 질주를 하는 삶이 아니다. 남들과 다르게 사는 삶이다. 세계를 새롭게 보고, 낯설게 보고, 다르게 보는 삶을 살고자 하며, 세계의 획일성 대신에 세계의 복수성(複數性)을 생각하며 나날의 삶과 노동에서 '부분적인 연결들'을 추구하고자 한다. 시집 전편에서 자연에 대한 경탄과 경이로움의 감각이 유독 표 나게 등장하는 것은 그런 이유 때문일 것이다.

　　이따만한
　　대보름달
　　앞산 위에 걸렸는데

　　오늘 아무 일도 없었다고

　　하마터면 쓸 뻔했다
　　　　　　　　　　　　—「일기」 전문

시인이 느끼는 경탄의 감각이 '하마터면'이라는 부사어

에 잘 표현되었다. 하지만 경이로움의 감각이란 저 멀리 있는 어떤 감각이 아니다. 미디어로 매개된 경험이 아니라 자기 육체를 움직여 직접 경험하는 데에서 나온다. 육체 없이 직접 경험할 수 있다는 것은 우리의 착각에 불과하다. 그러려면 늘 보던 것들을 새롭게 보려는 시선의 전환이 요청되는 것은 너무나 당연하다.

그런 점에서 김용만 시인은 행복의 본질이 시간의 활용 자체에 있다는 점을 누구보다 잘 아는 시인이다. 최제우가 제창한 수심정기(守心正氣)의 태도로 자신을 지키고 만물을 모시며 살아가는 '대지의 청지기'라는 이미지가 떠오르는 것은 그런 이유와 무관하지 않다. 시집에서 표면적으로 동학사상을 표현한 대목이 한군데도 없음에도 시인이 하늘을 모시고, 사람을 모시고, 사물을 모시라는 동학의 삼경(三敬) 사상을 나날의 삶과 노동에서 실천하고 있다는 인상을 받은 것은 그런 이유 때문이다.

김용만 시인이 지금-여기에서 추구하는 '가지런한 가난'의 삶이란 저절로 얻어진 것이 아니다. '뜬물개떡'이 만들어지는 과정을 지켜보며 "스스로 가라앉은 힘이 다시 일어서는 힘이었음을"(「뜬물개떡」) 발견한 것처럼 시인 또한 스스로 가라앉는 과정을 겪으며 "다시 일어서는 힘"을 얻었음을 유추해볼 수 있다. 「고드름」 「그믐달」 「보리밥을 먹다가」 「전지」 등 과거의 노동 경험을 토로하는 시편들을 자세히 읽어볼 필요가 있다. 하지만 시인은 첫 시집에서 "마찌꼬바

용접사로 삼십여년 살았다/노동이 아름답다는데 나는 신물이 났다/살 타는 냄새를 맡았다"(「귀향」)라고 표현했듯이 이번 시집에서도 과거의 노동 경험을 간헐적으로 언급할 때조차도 고되고 질긴 노동으로 기억한다. "마찌꼬바 삼십년/외롭게 살았다"(「보리밥을 먹다가」)라는 표현에서 여실히 확인할 수 있듯이 시인의 노동은 '기쁜 노동'이 아니었다.

   크레인 위 간판 전기선을 잇다
   얼어버린 손 가랑이 사이에 넣고 비볐다
   쇠토막같이 언 손으로
   종일 난간 움켜쥐고 매달렸다
   차마 놓을 수 없는
   처마 밑 허공에서
   삼십년 눈물 흘렸다

   지상을 향한 찬 눈물
   끝을 세우며

                     —「고드름」 전문

이 시는 시적 화자의 "마찌꼬바 삼십년"을 처마 밑 '고드름'에 유비시킨 뛰어난 노동시라고 할 수 있다. 김용만 시인은 고되고 질긴 노동이 아니라 나날의 일상에서 기쁨과 긍지의 노동을 하며 '가지런한 가난'을 구현하는 삶을 살고자 한다. 시인이 꾀하는 '한 사람의 혁명'이란 "꽃밭을 텃밭으로" 바꾸는 것과 같은 혁명이라는 점은 앞에서 말했다. 시인은 "나는 지금 꽃밭을 텃밭으로/내 안의 꽃들을 지우는 중이다"(「꽃밭을 텃밭으로」)라고 선언했다. 그런 점에서 이 시집은 "꽃밭을 텃밭으로" 바꾸는 혁명 과정에서 제출하는 중간 보고서 같은 것이다. 시인이 생각하는 '한 사람의 혁명'은 "설렘과 고요"(「대설」)를 위한 혁명이다. 시인은 '고요' 또한 우리 모두의 공유지라고 말한다. "혁명은 끌고 가는 게 아니라/밀고 가는 것"(「빠꾸 아재」)이라고 말한 것은 그런 이유 때문일 것이다. 스스로 각성하며 스스로 가라앉는 힘을 길러야 하기 때문이다.

공생공락하는 삶

시인은 자연과 인간의 분리를 막는 '사잇돌' 같은 존재가 되어 공생공락하는 삶은 가능하다는 점을 정직하게 기록했다. 첫 시집에서 "당신이 결국 나였다"(「담쟁이」)라고 쓴 것처럼 시인은 공생할 줄 아는 호모심비우스적 태도야말로 '진짜 시인'이라고 생각한다. 또 "울음은 혁명의 시작"이고 진짜 혁명은 "서로 울어주는 일"(「오늘은 누구라도 볼 수 있을까」)이라고 말한 데에서 보듯이 시인은 '있어줌'의 윤리를 충분히 발휘하고자 한다.

하지만 세상은 쉽게 바뀌지 않는다. 농업·농촌·농민의 가치는 갈수록 푸대접을 받는다. 지난 정부에서 야당이 국회에서 통과시킨 양곡법에 대해 대통령이 거부권을 행사하는 것은 당연시되었지만, 미분양 아파트를 정부가 세금을 들여 매입해야 한다는 주장은 큰 저항 없이 공유되었다. 한마디로 말해 시인이 추구하는, 증여에 가까운 환대의 원리가 순환하는 삶은 아직은 요원하다. 시단에서도 대지의 언어가 연출하는 흙냄새 가득한 문학 작품은 이제 씨가 말랐다. 대지의 언어에 대한 반응도 예전 같지 않고, 시인들의 감응도 없는 시대가 되었다. 이런 세상에서 '한 사람의 혁명'을 추구한다는 것은 어쩌면 무력감에 빠질 수 있는 일이다.

그러나 시인은 아랑곳하지 않고 꿋꿋하게 농업·농촌·농민의 가치에 대해 역설한다. 나는 김용만 시인의 시를 읽으면서 저 1970~80년대와는 다른 버전의 농민시이자 노동시가 탄생하였음을 실감한다.

> 살아보니 울음의 반은 자식이다
> 이 봄, 꽃과 꽃 사이
> 수백억마리 꿀벌 사라졌다 한들
> 한 노동자가 타 죽었다 한들
> 사람들 이제 왜냐고 묻질 않는다
> 반응 없는 시대
> 흐느끼며 돌아서 눈물 훔칠

시퍼런 시인 하나 그립다
―「대낮에」 부분

  시의 앞부분에는 "새끼 찾아 나선" 고라니가 울며 가는 산골의 풍경이 그려진다. 그리고 인용한 대목에서 시인은 공생공락하는 삶은 같이 울어줌에서 시작된다는 시적 인식을 드러낸다. "흐느끼며 돌아서 눈물 훔칠/시퍼런 시인 하나"를 그리워하는 것은 그런 이유 때문일 것이다. 나는 이 시에서 시인 스스로 앞으로도 지금처럼 그런 '시인'이 되고자 한다는 것을 예감하게 된다.

  시인은 "풀 냄새/흙냄새가 나를 키웠다"(「벌초」)라고 말한다. "잉그락불 같은 감빛"이 "서정의 뿌리"(「먹감나무」)를 이루었으며, 어머니 아버지로부터 "시는 단맛보다 쌉쏘롬한 쓴맛"(「시인」)이라는 점을 이미 체득했는가 하면, 삶의 전환 이후 오직 그 길을 향해 '직심(直心)'으로 추구하는 삶을 꿋꿋이 살아간다. '대지의 청지기'라는 말이 전혀 어색하지 않다. "굽고 삐딱"(「시인네 배추밭」)한 배추밭 고랑을 가꾸며 "수평과 수직을 지키는 삶"을 사는 김용만 시인의 '시-농사'가 해마다 풍년을 맞았으면 한다.

高永直 | 문학평론가

| 시인의 말 |

또랑 건너 박씨 아재 돌아오셨나보다
식은 굴뚝에 연기 난다

눈이 매웁다

연기보다 더 매운 게 사람 정이다

2025년 겨울
김용만

창비시선 529

기억은 가시 히읗은 황토

초판 1쇄 발행/2025년 12월 20일

지은이/김용만
펴낸이/염종선
책임편집/박지호 박문수
조판/신혜원
펴낸곳/(주)창비
등록/1986년 8월 5일 제85호
주소/10881 경기도 파주시 회동길 184
전화/031-955-3333
팩시밀리/영업 031-955-3399 편집 031-955-3400
홈페이지/www.changbi.com
전자우편/lit@changbi.com

ⓒ 김용만 2025
ISBN 978-89-364-2529-6 03810

* 이 책 내용의 전부 또는 일부를 재사용하려면
  반드시 저작권자와 창비 양측의 동의를 받아야 합니다.
* 책값은 뒤표지에 표시되어 있습니다.